JN439088

수박꽃 피는 아침

수박꽃 피는 아침

성윤자 시집

세종출판사

서문

이 책은 거리에 버려진 식물들을 수집하여 아파트 베란다에서 가꾸는 모습을 담았다.

2020년 정월부터 시작된 코로나19로 인해 나는 직장을 잃었다. 갑자기 닥친 사회적 거리두기는 내게 익숙하지 못하였고, 그 무료한 시간을 메꿔보려고 매일 출근 시간이면 산책을 나섰다. 산과 들, 거리에서 다양한 식물을 접하였고, 낯선 식물이 있으면 그 습성과 이름을 알기 위하여 노력을 아끼지 아니하였다. 그 노력으로 여러 가지 식물과 가까워지는 것은 즐거운 일이었다.

화초들은 집 근처에서 많이 발견되었는데, 대부분 가정에서 꽃만 즐기고 그 꽃이 시들면 휴면기를 기다려 주지 못하고 버린 것들이었다. 이런 식물들을 돌보는 것은 그다지 어렵지 않았다. 배달 혼밥으로 쏟아지는, 각종 플라스틱 일회용기는 집 잃은 화초들의 텃밭이 되어주었다.

베란다에 모여든 식물들은 내 소일거리였고, 고사 직전에 정성으로 살렸기에 애정이 깊었다. 싱싱하고 잘 자라던 잎이 후줄근해지면 “오, 너는 생수가 마시고 싶구나.”, 늘 진녹색으로 푸르던 이파리가 연녹색으로 물들면 “오, 너는 몸보신을 좀 해야겠다.”, 웃자란 식물은 “너는 햇볕이 부족하구나.” 이렇게 식물들과 소통하며 가까워지고 있다.

아파트 베란다는 사철 온도 변화가 거의 없다. 그래서 식물 한 포기로 삽목하면 같은 종류의 화분이 무한정 불어난다. 이 화초들을 지인들과 나누는 기쁨 또한 컸다. 그러던 중 한국예술인복지재단 2022년 상반기 창작준비지원금사업 선정으로 이 이야기를 한 권의 책으로 엮게 된 것은 하나님의 은혜이다.

2022년 가을, 베란다에서

차례

제1부 꽃 한 송이

제2부 수박꽃 피는 아침

제3부 새순

제4부 비 내리지 않는 농장

1부

꽃 한송이

언어에서 묻어나는 삶의 진실

반려식물 애호가의
언어 속에는
식물이란 단어가 양념이 됩니다

당신은
식물이란 단어에 귀 기울이고
밭이 있습니까 하고 묻습니다

네 있습니다
밭이 몇 뙈기나 됩니까
종잡을 수없이 많습니다

그렇게 많은 밭이
다 어디에 있습니까
모두 내 집 베란다에 있습니다

숨길 수 없는
삶의 진실은
언어 속에 살아 숨 쉬고

올망졸망 작은 텃밭에서
풀잎 되어 피어납니다

그대 담장 밑에

그대 담장 밑에
화초 한 포기
생사의 기로에 놓여있었습니다

꽃의 아름다움만 좋아하는
그대여
그 꽃의 화려함은 즐기고

그 꽃이
목마르다 외치는 소리는
들을 수 없었나요

그대가 창문 밖에 내던진
화분 속의 식물은
굶주림에 갈한 목 움켜쥐고

새벽이슬 한 방울로
하루를 연명하며
구원의 발소리에 귀 기울이다

다가선 내 손
청진기 되어
시든 이파리 토닥여 주니

가냘픈 호흡
생명 있음에 감사하여
삶의 길로 발을 옮기고

오늘은
별처럼 빛나는 꽃잎을 자랑하며
지난날의 화려함을 찾은 듯합니다

손가락 선인장

어머니 기르시던 손가락 선인장
너의 나이는 몇 살이던가

희미한 나이테 헤아려 보려니
가시로 주름을 가리는구나

세월은 흘러도 언제나 젊음
그래서 너의 이름은 백년초

옛집의 빈 마당 떠나지 못하고
계절의 변화도 한 몸에 받으며

찾는 이 없는 텅 빈 마당에서
봄이면 붉은 꽃 혼자 피우다
외로워서 찾아온 도회지 베란다

쇼윈도에 세워놓은
아기인형처럼
움직임 없는 털북숭이

창밖의 태양을 따라가다가
국수처럼 길어버린
손가락 사이사이

변함없는 약속인가
꾸밈없는 그 모습
이 봄에도 어김없이
환희의 꽃을 피워 보여 주누나

일회용기 텃밭

못 갖춘 일회용기
텃밭이 되어
미닫이 창틀에 나란히 앉아

울긋불긋 꽃밭을 이루었습니다

어디론가 가고 싶은
유리 안의 식물들은
따뜻한 안방도 본체만체 등 돌리고

햇볕 찾아 창가로 고개를 내밉니다

주인에게 버림받은
거리의 천사
부모 잃은 고아, 가냘픈 생명들은

동병상련의 행운아들입니다

기댈 곳 없이 홀로 선 이들은
게으름도 자랑함도 뒤로하고
생명의 표현으로 꽃을 피우며

나를 배반하지 않습니다

나는 시시때때로 이들의 동무가 되어
입술같이 아름답고
솜처럼 부드러운 잎사귀 위에

내 손 토닥여 줍니다

호야꽃을 기다리며

새들이 아침을 노래하는
화단 나뭇가지에
얼기설기 호야 넌출
절실한 눈빛으로 나를 본다

십팔 층 아파트
몇 층에서 떨어뜨렸나
성한 잎 보다 아픈 곳 많아

가자 내가 너희를 치료하고
새 삶을 찾아 줄게

반 되 흙 시루에 호야 집 지어주고
오랜 기다림은 하루 같이 흘러

고마움의 표시인가
새 줄기 뻗어가는 얼룩무늬 푸른 잎아

예쁘다고 소문 난
너의 꽃은 언제 볼 수 있는가

봄비

봄비 내려
갈한 대지 적시니
겨울잠 자던 생명들은
땅 위로 올라와
낡은 옷을 벗고
새 옷으로 갈아입으며
처음 만난 봄이 고마워
하늘 향해 손을 펴고
이파리 한 잎 두 잎
대지 위에 수놓으며
푸른 동산 꾸밉니다

텃밭 이야기 1
- 고구마

묵힌 고구마 눈 뜨는 새해
모여라 빈 병
그 안에 샘물이 찰랑찰랑

물병에 발 담근
봄을 맞은 고구마
허리에 붉은 실눈 휘몰아 돌고

순번대로 자라난
붉고 푸른 잎사귀
소원을 말하면

산들바람 불어오는
넓은 텃밭 어디인가

흙 찾아가고픈 삽목 동이들
띄엄띄엄 서너 마디 나누어져서
고향 텃밭 이식은 새로운 출발

여름은 고구마 잎 어우러진 계절
가을이면 토실토실 고구마 파기

텃밭 이야기 2

– 레드 치커리

우유 팩 그 안에 붉은 잎 너울너울

배수구 없어 물 마름 적은 밭

오동통한 이파리 치커리 심었더니

계절마다 보여주는 연붉은 새 얼굴

거름, 흙 찾지 않고 생수만 마셔도

한 잎 두 잎 내미는 사랑스런 모습

의무 다하는 어린잎 송골송골

텃밭 이야기 3

– 수경재배

한세월 살다가는 야채들이여

아직도 삶의 미련 남아 있으면

다시 한 번 새날을 살아나 볼까

펼쳐진 채소 묶음 버려질 꽁다리들

모여라 삶의 근원 여기도 텃밭

무, 상추 꽁다리들 물 밭에 앉아

두 번 사는 너희 삶 헛되지 않고

어엿한 채소 되어 밥상에 오르리

텃밭 이야기 4
– 열무

누운 밭
세운 밭
난간에 매달린 밭

커피 컵 텃밭에
열무 씨앗 앉았다

머리를 높이 들고
목 곧게 세우고

자라라
푸른 잎아
어서 자라라

권리 찾은 연한 순
찬거리 되어

나도야 채소
삼겹살을 감쌀까
샐러드에 합류할까

텃밭 이야기 5

– 꽃 한 송이

아내는 화초를 기르고
남편은 화분을 모아 옵니다

아내가 가꾸는 식물에 꽃이 피면
남편은 슬그머니 꽃구경합니다

온 힘 다해 피어난 꽃
그 아픔 알기에

둘이는 꽃 이야기 서로 나누며
흐뭇한 미소를 꽃 위에 얹어줍니다

그래서 오늘의 꽃밭에는
웃음꽃 한 송이가 더 피었습니다

텃밭 이야기 6
- 식물 놀이터

넓은 터 없어도 경작은 가능해요
식물 사랑 농사꾼은
베란다가 농장입니다

꽃삽 하나 수저 한 벌
농기구 되고
계란껍데기는 퇴비가 됩니다

계절 온도 변함없어
파종 삽목 자유롭고
크고 작은 텃밭은 모양도 다양합니다

커피 컵 쌀 포대 플라스틱 바가지
스티로폼 반찬통 컵라면 케이스
참치 캔 육류박스 양파망 페트병
신발 모자 어느 것도 흙만 채우면

옹기종기 텃밭 되어
길 잃은 식물들의 놀이터가 됩니다

텃밭 이야기 7

– 토마토 삼대

창가의 텃밭은 다랑이 들판
높고 낮은 케이스 토마토 삼대

싸늘한 공원 낙엽 더미 그 속에
검붉은 이파리 토마토 한 포기

계절 잃은 여름작물
의지 없는 냉한 길에
홀로 두기 안쓰러워

포대기에 감싸듯
데려온
어린잎

겨울을 이기고 따스한 봄이 되니
용기 찾은 토마토 가족 수 늘리고

붉고 푸른 구슬을 너도나도 자랑하며
손자까지 거느린 우리 집의 키다리

텃밭 이야기 8

- 콩나물

많으면 많을수록 우리는 행복해

겸손한 자세는 우리의 사명

다이어트는 혼자 할 필요 없고

좁으면 좁을수록 날씬한 몸매

우리의 건강은 마시는 물에 있어

깨끗한 물만 찾아야 하는 것은

너와 나를 위한 자연의 법칙

우리 모두 머리 숙인 자세 잊지 마

텃밭 이야기 9

– 금귤 나무

너는 누구냐
송두리째 뽑히어 거리에 뒹구는
꽃도 잎도 못 갖춘 나무 한 그루

지난날 너에게
무슨 일 있었기에
입었던 옷마저 날려버렸나

부끄러움 모르는 거리의 나체
이름 모를 네 모습
마당 빗자루 닮았어라

꿈도 희망도 저버린
가여운 나무야
너 언제 철들어 벗은 몸 감출래

초라하기 그지없는 너를 데려와
한 줌 흙 텃밭에 고이 앉히니
고난을 잊은 듯 새 터에 적응하고

무표정한 얼굴로
한 땀 한 땀 옷을 지어
벗은 몸 슬그머니 새 옷으로 갈아입고

연둣빛 고운 차림
새똥 같은 하얀 꽃눈
어느 누가 숨어 와서 쌀가루를 뿌린 듯

꼬물꼬물 꽃 자국
황금 열매 보여 주니
그 이름도 부유한 금귤 나무이어라

홀로 핀 꽃

찬바람 불어오는 가을 언덕에
잎 떠난 나뭇가지 앙상한 얼굴
외로운 꽃 한 송이 홀로 피었네

태양이 밝으니 봄 인줄 아는가
황량한 언덕에 홀로 핀 들국화
새봄엔 무엇하고 이제야 꽃을 피워

계절이 몰고 올 냉정한 바람
덧없이 너의 웃음 거두어 가면
기쁨 잃은 얼굴은 흙빛이 되어

애끓는 사랑으로 이겨낸 날들
흙 속에 감추어진 따스함으로
한파가 오기 전에 모두 피어라

홍시

앙상한 감나무 외로운 홍시 하나

여름에는 푸른 지붕 그 안에

형제들 옹성옹성 모여 앉아서

시간이 멈춘 듯이 서로 몸을 부딪치며

있는 모습 그대로 허물없던 가족들

계절 따라 홀연히 하나둘 떠나고

의지할 곳 없는 홀로 남은 홍당무

마른 가지 붙잡고 그 하루를 견뎌내는

너의 삶 고적하고 위태롭구나

행복한 산책

겨울의 이 길은
티끌만 휘날리더니

따스한 봄이 되니
푸른 잎이 거리를 꾸며줍니다

지나온 길이야 허물도 있었고
어려움도 있었지만

따스한 봄기운에
푸른 잎이 새 길을 만드니

오늘의
산책길이 행복합니다

나뭇잎의 고백

내가 무엇을 아쉬워하겠습니까

나는 당신의 부름을 받아
돌같이 굳은 땅을
맨손으로 올라온 나무입니다

여름에는 즐거움으로
춤추는 하루였고
바람 부는 가을은
온몸 흔들려 가눌 길 없습니다

설 자리 앉을 자리 잃은 몸
당신이 이 자리를 떠나라시면
풍성함도 흔들림도 여기에 두고

이 가을 미련 없이 떠나겠습니다

2부

수박꽃 피는 아침

기다림

가냘프게 손 내미는
여린 잎사귀야
네 힘으로 몸 넓혀야 한다

미지의 네 모습
얼른 보고파
만두피를 늘이듯 너를 당기면

나는
황금알 기대하는
욕심쟁이 농부가 되고

너는
황금알 낳다 죽임당한
거위가 된다

수박꽃 피는 아침 1

– 텃밭 가꾸기

일회용기 그 안에 집밥을 채운다
숟가락으로 푹푹 퍼서

흙과 물로 이룬 텃밭
애플수박 심어놓고
그 모습 어떨까 기다림의 시간

연노랑 참새 부리 흙문을 열고
쭈뼛쭈뼛 바깥을 살펴보다가
눈 부신 태양 빛에 화들짝 놀라

다물었던 부리가 서서히 열리더니
그 속에서 연둣빛 나비가 나래를 펴고
유회를 꿈꾸며 걸어 나온다

일렬의 나비들은
뻗어가는 수박 줄기에 나란히 앉아
푸른 우산을 펼친다

펼친 우산 그 속에서
아침이면 또 다른 나비들이
하나둘 걸어 나와

맞은편 아파트를 향해
연노랑 미소를 보낸다

수박꽃 피는 아침 2

– 수정受精

흙내음 그리운
아파트 난간
하늘 향해 손짓하는
애플수박이

연노랑 꽃을 피워 오월을 밝힙니다

송이송이 수꽃 속에
유일한 암꽃 하나
털북숭이 열매 위에
면사포 되어

벌, 나비 언제 오나 기다립니다

움직일 수 없는
협소한 꽃 신방
중매쟁이 벌, 나비는
기다려도 오지 않고

바람도 찾지 않는 아침만 펴져 갑니다

벌, 나비 대신
바람도 대신하여

선택된 수꽃 송이
내 손에 붙들려

암꽃술 꽃술은 견우직녀의 만남

뻗어가는 수박 손
아침 문고리 붙잡고
보송보송 수박 잎
원앙금침 되어

애플수박 신방을 꾸몄습니다

삽목 이야기

캥거루 주머니 안에
고개 내민 새끼들처럼
제라늄 잎새마다
녹두 같은 푸른 새순
길 떠날 준비를 합니다

헤어짐은
살을 찢는 듯한 아픔이지만
어미 곁을 떠나지 않고
너의 터전 마련할 수 있을까

가거라 외로운 순아
삶의 길을 찾아

엄마처럼 살지 않겠다는
쉬운 그 말은
입 밖에도 내뱉지 말고

누구라도 가야 하는
어머니 가신 그 한길로

어미 곁을 떠나
너의 터전을 찾아
좁은 땅 헤집고 새집을 지어

그 땅에
폭삭폭삭 발을 디디고
꿈같은 하루를 견디고 나면

너도 사랑받는 나무 되어
가지마다 방실방실 꽃을 피우리

이름 찾은 제라늄

유리 볕에 뽐내는 연분홍 꽃 제라늄
사랑스런 그 꽃잎 미소 지을 때
너의 지나온 길을 돌아본다

지난가을 하늘 닿은 고목 아래
앙상하고 볼품없는 마른 막대기 하나
이름도 잃어버린 제라늄이 뼈라늄 되어

그 여름 옛 주인을 위해
태양과 마주하며 춤을 추다가
뜨거움에 겉옷 속옷 태워버리고

벌거벗은 몸은 토사구팽이 되어
희망을 잃고 바깥 어두운 곳에서
갈 바 몰라 움츠리고 있었다

산책길의 내 눈 너를 보는 눈
벌거숭이 제라늄아 집으로 가자

푸른 산 넓은 들, 산들바람 없지만
네 삶의 자리는 사랑받을 그곳이라

새 자리 만들어 너를 앉히고
애타는 마음으로 기다렸더니

막대기 제라늄 내 마음 읽은 듯
먼지보다 작은 눈 크게 키우고

솜털 같은 이파리 연분홍색 꽃을 피워
너의 이름 찾기에 충분하였다

그 이름도 어여쁜
애니버셔리 제라늄
너는
*에스겔 골짜기에 마른 뼈가
살이 돋아 군대를 이루듯

뼈라늄 눈자위 피어난 새순
그릇마다 한가득 담은 그 꽃은
오늘의 내 집을 꽃집으로 만들었다

*: 구약성경 에스겔 37 : 1-10

뜨개질과 케일 잎

뜨개질
한 땀 한 땀
케일 잎 한 잎 두 잎

타래 실 솔솔 풀어 뜨개질하다

케일 잎아 자랐나
얼마나 자랐나
뜨개질하던 손
널 향해 멈추고

곁에 놓인 텃밭의 푸른 잎 본다

뜨개질은
담뿍담뿍
늘어 가는데

숨어 크는 케일 잎은 시간도 비켜 가는가

약손

망설임도 생각도 없다
산책길에 시든 풀 한 포기
생사 모르는 너를 살리려

측은한 내 마음 가눌 길 없어
내 집의 좋은 자리
너에게 내어주고

한 방울 쌀뜨물 링거가 되어
사랑의 손으로 풀잎을 일으키며

내 손이 약손이다
내 손이 범이다

어린 날 내 배가 아플 적에
두꺼비 같은 어머니의 손

내 배에 얹어놓고
당신 손이 약손이라 하신 그 말씀

오늘 네게 전하면
내 손이 약손 되어 너를 살리리

태양아 비춰다오

풀잎들이 모여 사는
남쪽으로 향한 집에
유월이 오면
이파리들은 햇볕을 따라
창가로 고개를 돌립니다

유리창 들랑날랑 망설이던 태양은
맞은편 지붕에 몸을 숨기고
긴 꼬리 남기고 멀어져 갑니다

태양 따라가고 싶은 화초들은
약속이나 하듯 고개를 들고
헛손질하다 머리를 숙입니다

슬퍼 마라 빛을 잃은 잎사귀들이여
음지가 양지 되는 가을이 오면
너희도 계절 찾은 기쁨 있으리

푸른 손 내밀라

베란다를 정복한 식물들이여
너희는 손이 푸르지 않으면
바람에 날리는 먼지가 된다

깊은 바닷물처럼
푸르디푸른 손을
어서 내밀어다오

새벽이슬 한 방울 찾지 않는
농장이지만
너희는 스스로 진주 이슬 만들어

기다리는 나를 위해
지폐를 넘겨 세듯
네 푸른 손 활짝 내밀어다오

낙수

비 오는 날이면 유리 안의 풀잎들은
창문 밖에 떨어지는 빗방울 소리에
너도나도 마른 입맛 다시며
원망의 눈으로 유리창을 바라봅니다

가깝고도 먼 거리 쏟아지는 저 물소리는
듣고 보고 못 먹는 그림의 떡이던가

한 발 움직임 없는 그릇 속의 식물들은
바깥 빗소리에 귀 기울이며
마실 수 없는 물을 아쉬워합니다

목마름은 끝없다

나의 시선이여
나의 향기여
내 한가한 시간이면
풀잎 너를 만나기 위해
내 발길 베란다로 향하고

네 부담 없는 사랑은
내 게으름을
부지런함으로 바뀌게 한다

늘 목말라 하는
너의 간절한 그 한마디
내 귀에 가득하여

한 바가지 샘물로
너를 흠뻑 적셔주어도
그 사랑 부족하여
목마름은 끝없다

풀씨는 향기 되어

바람에
날아왔나
거름에 묻어왔나

무심한
풀씨 하나
화분에 세 들었네

주린
사랑으로
찾아온 생명

여기
꽃으로 피어
향기 가득 채워다오

이름을 불러주세요

씨앗들이
갑갑한 봉투 안에서
순서를 기다립니다

어찌
차별을 두겠는가
선택된 생명

어디서나 어우러져
꽃밭을 꾸며줄
쌍둥이들

텃밭은 많아도 터가 좁으니
어둠 속의 씨앗들은
대기자 되어

흙길로 걸어갈
그날을 기대하며
이름 불러 주기를 기다립니다

하얀 국화 한 송이

꽁보리 밥집에는 손님이 넘쳐나고

그립던 흰쌀밥은 꽁보리밥에 밀려

주문받으세요

나는 흰쌀밥만 주문합니다

꽁보리 밥알은 한 톨도 섞지 말고

푸른 잎에 하얀 국화 한 송이만 주세요

가마솥에 피어나는 하얀 국화 한 송이

어두운 이 세상은 먹인지 숯인지

눈앞에 밀려오는 껄끄러운 시간

때 묻은 검은 옷 벗어 보려고

입 안 가득 머금은 하얀 쌀밥 한 그릇

뚝배기 화분

겉치레만 화려하면 무엇을 하나
뚝배기 밭이라고
누가 업신여길까

유리 거른 햇볕 한 점
허리에 둘러있고
때를 따라 한잔 물 마실 수 있으니

네가 품은 씨앗들은
연이어 눈 뜨고
그릇미다 한가늑 푸른 들판 만들어

만개한 꽃봉오리
새 옷 입는 날
뚝배기도 꽃을 품은 화분이어라

사금파리 텃밭

흙으로 가는 옛집의 항아리
쉼 없는 세월 속에
몇 해를 살았을까

이제는 하던 일도 잃었으니
희망이란 단어도
시간이 쓸어가고

파도처럼 밀려오는 플라스틱에
일터마저 빼앗긴
항아리 두 쪽은

여인의 입술인가
두 이파리 꽃잎이던가

할머니 내 어머니 아끼시던 반찬통
내가 너를 사랑하여
삶의 길로 인도하리

새 삶 찾은 두 쪽에 흙갈이 밭갈이는
원앙 같은 텃밭 되어
푸른 잎 춤춘다

편견

당신의 화단에
오늘 핀 꽃이
아름답게 보인다고
그 꽃만 칭찬하지 마세요

무심코 걷는
당신의 발아래
외면당한 작은 꽃은
서러워 울고 있습니다

멀리 있는 바다가
깨끗하게 보인다고
함부로 말하며
좋아하지 마세요

그 바다에 가서 보면
파도에 밀려온 온갖 오물들이
당신의 얼굴을
찡그리게 할 것입니다

미소를 찾으세요

마음 문 닫은 당신이여
가슴을 열고
꽃밭에 오세요

나는
당신의 꽃밭에 피어난
한 송이 꽃이랍니다

당신이
닫힌 가슴을 열고
꽃밭으로 찾아오시는 날

당신의 얼굴에도
한 송이 꽃처럼
미소가 피어날 것입니다

바람과 나뭇잎

나무야 춤추어라

내 가는 이 길에
나뭇잎 너를 만나
우리 서로 화합하며
손 맞잡고 남은 길 가자

나뭇잎 살랑살랑
우리같이 가는 길
마음을 가라앉히고
무엇이라도 이해하며

괴로움은 행복으로 돌리고
내일은 궂은 일 좋은 일
담대하게 헤쳐 나가며
지나버린 시름은 생각에서 지우고

나무야 춤추며 남은 길 가자

3부
새순

풀 향기 카페에서

푸른 생명 숨 쉬는
베란다 정원

그윽하고 은은한
풀 향기 가득해

찻잔을 손에 들고
풀잎 곁에 갑니다

꽃을 보며 잎을 보며
마시는 찻잔에

한잎 두잎 꽃향기
가득히 담아

창 열고 그대에게
보내렵니다

베고니아

꽃밭의 키다리 목베고니아
온몸 불태우는 붉은 꽃잎은
설움의 표시인가 기쁨의 인사인가

지난가을 산책길 쥐똥나무 아래에서
부지깽이 같은 너를 외면하지 못하고
내 무언의 질문은 네 맨살 꼬집기

이 설움 저 설움 내쫓긴 설움에
보여 줄 것 없는 너의 대답은
깡마른 몸에 푸른 눈물 짜내기

애틋하여 망설이는 내 마음
눈물도 안 마른 너를 데려와
폭신한 텃밭에 이식했더니

흘리던 눈물 씻은 듯이 감추고
깡말랐던 그 몸에 새살 채우며
핏기 어린 붉은 눈 푸르게 키워

첫돌도 오기 전에 폭풍 성장하여
얼룩무늬 잎새마다 꽃잎이 나풀나풀
온 집안을 비추는 꽃등 되었네

가을 꽃

철 지난
꽃 한 송이
그리움 쌓여

아쉬움에
피워 낸
자태를 자랑하니

길손이
그 앞에서
발을 멈추고

외로움도
잊었노라
눈시울이 송송

박꽃

해 질 녘 모퉁이
해맑은 나비 떼
낮에는 무엇 하다
저문 길 나섰는가

날개가 있어도
날아갈 수 없어
우윳빛 속살을
송두리째 내어놓고

먼 하늘 노을만 바라보는가

미련 남아 못 떠나는
하얀 나비 떼
울타리에 옹기종기
나래를 펴고

희고 흰 그 모습
심야의 이슬인가
옥에도 티 있는데
수정 같은 꽃잎은

안팎이 하도 맑아 비길 때 없어라

유채꽃

바다가 토하고
파도가 핥아 놓은
흙더미 위에

꽃으로
피어난
연노랑 천사

옷소매
활짝 펴고
오실 임 기다린다

대지를
두드리며
걷는 바람아

그 임이
오시는 날
너는 아는가

수채화 그리며
기다리는 그 임을

게발 선인장

푸른 잎은
창 너머 태양을 먹고
꽃 한 송이 나에게 피어나 다오

내 가슴은
너를 향한 미소가 일고
기다리는 그날은 크리스마스

부르터진 너의 손
그 마디마디를
애처롭게 바라보는 나만의 설움

세월의 흔적은
갈라진 손마디
눈 덮인 그 길을 걸어나 봤나

얼음 위를 성큼성큼
걸어나 봤나
이유는 무엇인가 지나온 날들

떨리는 진실은
꽃 한 송이 피어나면
봄눈에 묻혀버릴 비밀이던가

삶의 날들을
그림처럼 그려내는
너의 손끝의 피어난 선홍빛 꽃이어라

사랑초

꽃과 잎이
나풀나풀 언제나 피워주는
우리 집의 일등 공신

사랑의 표현인가 은혜의 표시인가

긴 목 드리우고
종일토록 태양만 바라보다
서산에 해 지면
너도나도 입 다물고

가족 수 늘어 송알송알 둘러앉아

한 자락 흐르는 정에
사시사철 너희 공론
야윈 꽃잎 피워내기

네 목이 갈하여 내 손길 바라며

언제라도 알뜰살뜰
화려한 몸짓

내 곁에 웃음 짓는 한 떨기 여린 꽃

어쩌다 시든 손
내 앞에 내밀어도

그 약속 지킬 것을 절기처럼 믿으련다

선인장 (단모환)

인적 없는 바위틈 울고 있는 단모환 어느 누가 던졌나 생장점도 잃어버리고 차가운 물가에서 억울하다 소리치며 접근마저 싫어하는 크고 둥근 겁쟁이

완전한 네 모습 찾아볼 수 없지만 쓰라린 내 마음 네 가까이 다가서니 너는 복수나 하듯 가시 세우고 다독이는 내 손에 상처를 낸다

돌보지 못한 상처 그 손으로 칡넝쿨 엮어 너를 감싸며 가자 살자 화를 멈추어라 사랑으로 싸매 주고 모래집 지어주니

환경을 탓하지 않고 세포가 굼틀굼틀 영토 넓히며 쌍둥이를 생산하여 두리두리 삼사 대를 네 옆에 거느리고 탄탄한 울타리 그 안에 모여 앉아 오늘도 멈출 수 없는 엇비슷한 새끼를 쉬지 않고 낳는다

파도

파도는 치마 입고
기약도 없이
하루에도 몇 번씩 뭍으로 달려와

부딪치면 무너질
모래 언덕 감싸주는 오늘의 손님

그 손님 쉬지 않고 오가는 그 길에
만남의 누구라도 쓰다듬고 떠나는데

마음이 다 같을까
걸음이 다 같을까
따라가다 멈춰버린 모래 언덕은

돌아보지 않는
파도의 뒷모습만 바라봅니다

봄까치꽃

부지런도 하여라
아직도
바람은 차가운데

부유하지 않은 살림
무엇으로
몸치장 곱게 하고

누구에게 보이려고
앙증맞은 입술에
보랏빛 물들이고

서두르는 마음
앉을 자리 설 자리
분간도 못 하고

햇살 언덕
어디나 주저앉아서

오가는 길손에게
헤픈 웃음 보이는가

산딸나무꽃

푸르름 너울대는 5월 동산에
해맑은 얼굴 낯선 나무여
젊음의 네 모습이 청상 같구나

방랑의 세월 정함 없는 네 발길
바람 따라 헤매다가 이 동산에 올라
새록새록 피어나는 젊은 날들을

입 다물고 귀 막고 가버린 시간
사랑도 아쉬워라 청상이 되어
행여나 임 오실까 저 멀리 바라보니
우뚝 솟은 하늘 끝이 한 발 더 다가선다

해맑은 눈꽃 송이 하얀 나비 떼
이름도 정직하여 꽃 속에 딸기 하나
제아무리 치장해도 보는 이 없어

푸르른 동산에 외로운 꽃이여
5월 가면 네 모습 청상 벗으리

고향 떠난 민들레

평화로운 밭이랑 지천에 두고
멋모르고 고향 떠난 노란 민들레

여기가 어디인가 빛나는 거리
길 찾아 헤매는 집 없는 나그네

화려한 도회지 좋다고들 하더니
가벼운 몸 하나 기댈 곳 없어

바람이 미는 대로 그 몸을 맡기다가
보도블록 틈 사이 작은 집 지어

강물이 흐르듯이 시간은 흘러
샛노란 저고리 그대 삶의 증표로다

붉은 맨드라미

꽃인가
나무인가
붉은 맨드라미

꽃밭의
주인 같이
꽃들 속에 높이 서서

꽃이라고
고집하는
붉은 스펀지

시들지
않는 사랑
가을 멋쟁이

거리의 천사

마을 길 돌아
몇 바퀴나 걸었을까
너 거기 있었나 칼랑코에야

옛 주인의 사랑을 잃어버리고
만인의 산책길에
추방되어 쓰러진 거리의 천사

보이지 않는 꽃
한 아름 가슴에 안고
겹겹이 붉은 꽃 피워 줄 것을

매몰차게 내 던진
그 주인 몰랐으리
별처럼 아름다운 붉은 그 꽃을

새순

차돌같이 단단한 땅
무엇으로 파헤치고
길을 나섰나

네 갈 길 얼마인지
알고나 가는가
무엇이 네 앞을 가로막을지

험한 길에 접어든
가냘픈 어린 순
네 앞길 멀고도 아득하여라

가는 길에 입은 옷도
집이 될까 봐
한 벌 두 벌 홀연히 벗어 던지고

새로이 길 가는 네 이름
헌 옷 주고 새 옷 입는 행운아여라

거리의 꽃밭

벌물이 남겨 놓은 모래 언덕에

색색의 옷을 입은 인공꽃밭이

나그네 눈길을 즐겁게 합니다

다시 찾을 여름 폭우 넘쳐날 벌물

저 꽃밭 여기에 놓여 있을까

의지 없이 모여든 연약한 이름이여

하늘 향해 기도해도 쏟아지는 장마에

범람할 하천 못다 필 꽃잎들

내 마음 너희 향해 무사함 빌어라

매화

나를 성급하다고 말하지 마세요
실오라기 하나 걸치지 않은 알몸으로
춥고 긴 겨울밤을 새워본 적 있나요

그대는 몰라요
움츠리고 지새운 춥고 긴 밤을

터널 같은 그 밤도 새벽은 오고
봄바람 흔드는 문풍지 소리에
눈 쌓인 마당에 뛰어나가니

아직도 폭삭폭삭 싸락눈 남아
추위에 떨고 있는 내 앞길 막아도

서두르는 내 마음 봄볕에 꽃잎 피워
당신 오실 그 길에 수놓아 걸어 놓고
몸단장 곱게 하고 마중 왔어요

목련

하늘 닿은 나무에
외로운 가지마다
피어난 흰 구름

우윳빛 날개를
눠 보라고 휘졌는가

한 벌 옷도 입지 못한
헐벗은 나무
미풍이 살랑살랑
너를 흔드니

어제 뜬 흰 구름
놀란 얼굴에
새들도 덩달아
떠날 준비 서두른다

빛 잃은 흰 구름
삼일을 못 견디고

안쓰러운 마음에
새를 따라 떠나려니

나무는
챙기지 못한 겉옷
성급하게 입으려다

송이송이 흰 꽃송이
땅 위에 떨어진다

무화과나무

강바람 불어오는 높고 높은 언덕에 나이는 몇 살인지 알 수 없지만 퍼져버린 묵은 둥이 무화과나무 어느 날 갑자기 송두리째 뽑히어 치마같이 넓은 잎이 초개 되었네

굴삭기가 파헤쳤나 크레인이 내던졌나 대자연 가는 길에 위기 만난 나무야 강바람 한 번 쓸면 강물 따라 사라질 너 이 땅에 영원히 발붙일 곳 없어라 가자 후손을 이으려면 나를 따르라

무화과 작은 가지 첫 살림 차린 집은 하늘을 지붕 삼은 아파트 난간 그 몸이 매달려도 새잎이 새록새록 어디라도 불평 없이 생명을 이어가는 열매 안에 꽃을 품는 순둥이 무화과나무

4부

비 내리지 않는 농장

비 내리지 않는 농장

비 내리지 않는 농장
가여운 식물들은
산과 들의 풀잎보다
그 색이 푸릅니다

목마름도 잊은 듯
환한 미소 보여주면
나는 풀잎 가까이
한 발 더 다가섭니다

오직 내 손길 기다리는
귀염둥이들은
창틈에 스며드는
바람에도 고마워합니다

욕심 없는 결과는
감사한 마음이라고
작은 꽃송이 하나에도
그 빛이 찬란합니다

풀 뽑는 남자 나물 캐는 여자

나물이 풀도 되고
풀이 나물도 되는데

남자는 봄이 되면
밭두렁에 돋아나는
나물을 풀이라고
송송 뽑아버립니다

풀이 나물도 되고
나물이 풀도 된다고

여자는 봄이 되면
쑥 바구니 옆에 끼고
밭두렁에 주저앉아
풀이 나물이라고
나풀나풀 풀을 캡니다

계절 따라 돋아나는
먹거리 식물들은

봄에는 개불알 뽀리뱅이 민들레
여름에는 쇠비름 개망초 명아주

나물이 풀 되고
풀이 나물 되는 동안

풀 뽑는 남자와 나물 캐는 여자는
서로 핑계 아니 하고 자기 일합니다

고물이 보물 되어

비는 밤새도록 내리고
벌물은 낮은 곳을 향하여
가는 그 길에
쓰레기를 몰고 와

어디나 간판 없는 고물상을 만듭니다

세상 때 묻은
속이 텅 비어버린 플라스틱 일회용기는

아무도 찾지 않는 천덕꾸러기입니다

무슨 미련 남아
내 앞에 나타난 험상궂은 얼굴

새 삶을 영위할 수 있을까요

의무 다한 일회용기
가자
씻자
만들자

이름을 바꾸자

고물이란 두 글자에
초성 'ㄱ'을 'ㅂ'으로 바꾸어 얹으면

고물이 보물이 되어 새 삶을 찾으리

여름 나그네

여름 더위 불씨 되어
벚나무 가지마다 불꽃이 타오르고
그 뜨거움에 매미가 고성을 지른다

약속 없이 길 가는
어리석은 매미여
너의 주소는 어디이든가

정함 없는 발길
밝은 곳을 찾아
여기까지 왔는가

여름은 길 떠날 준비를 하고
너는 주소불명 길에 앉아
애끓는 목소리로 열변을 토한다

첫길 나선 매미여
정함 없는 이 길에
너의 계절이 빨리 간다고
서러워 마라

공평한 이 여름
누구에게나 한 번이란다

뜨거운 여름이 등을 돌리면
너의 고성 낮아지고
입었던 그물 옷도 벗어 던지고
너는 가벼운 몸이 되어 길을 떠나리

벽오동

벽오동 쌍떡잎이 가을에 만나자고
굳은 약속 맺어놓고
하늘이 가까워야 추수를 빨리하지

치마같이 넓은 잎 하늘 향해 펴놓고
오르락내리락 서두르며
꽃자리 소복소복 꽁보리 쌀 채운다

벽오동 익은 열매 그 약속 지키려나
바람이 전해주어 내 손에 가득
봉황 날개 소록소록 그 맛이 고소하다

너 하나 나 하나 추억의 벽오동
긴 세월 어김없이 약속 지키며
잊지 못할 그 맛을 오늘도 보여주구나

너를 닮고 싶어라

풀잎이 모여 사는
베란다 정원에는
크고 작고 성치 못한 어떤 화초도

아무런 요구 불평하지 않는다

잎사귀 한잎 두잎
사랑 마크
앞다투어 펼쳐놓고

나를 향해 손 내밀며 웃음 짓는다

가진 것에 만족하는
너는
행복했던 일만 기억하여라

열악한 환경에 놓여있어도

앉은 자리 감사하며
한 마디 불평 없는
푸른 명랑이

내 마음도 네 모습 닮고 싶어라

내 살던 초가

언제나 잊지 못할
어린 날의 고향
뽕나무 우거진 내 살던 초가

아련한 기억 속에
사라진 집터
주뼛주뼛 푸르른 마늘밭 되고

허접한 밭두렁에
완두꽃 피어
보랏빛 미소로 나를 반겨 주는데

내 눈 어디론가 그날을 찾아

산들은 초가 뒤에
병풍처럼 둘려있고
앙상한 돌 마당 축담 길 따라가면

옹기종기 장독대
그 모서리 돌절구에
쿵덕쿵덕 겉보리 찧어

청솔연기 한가득
검은 부엌 채우며
꽁보리밥 지으시던 내 어머니의 눈물

밤하늘의 별빛도 슬픈 눈물지었네

허수아비

호화로운 생활은
꿈도 꾸지 못했어요

야윈 몸의 한 벌 옷도 바람에 빼앗길까

두 주먹 불끈 쥐고
논두렁 의지하며

나 홀로 걷는 길 새들도 돌아가고

포슬포슬 마른 땅
밟아 본지 언제인가

질펀한 땅 위에서 두 팔 높이 세우고

주야의 잠복근무
견뎌낸 세월

계절 따라 떠나는 꽃구경도 뒤로하고

외발로 걸어온 길
인내로 다다르니

가을마당 내 집에 황금빛 서렸구나

낚시꾼과 고양이

뱃머리 푸른 물에
노니는 물고기
육지 구경시키려는 초보 낚시꾼

낚싯줄에 새우 달고
돌팔매로 풍덩

기다림도 필요 없다
새우 먹고 힘센 놈
물수세비 만들며 낚싯줄 끌고 간다

영치기 영차
낚싯줄 올려보니
은빛 고기 한 마리 땅 위에 닿는 순간

동서남북 망설이던
뒤에 앉은 고양이
기다리던 먹잇감을 쥐 잡듯이 낚아챘다

노숙자

공원에도 지하도에도
나무들이 모여
안부를 묻는다

누구요
뭐 하요
무슨 일을 하요

너도나도 일 없소

고철이 기둥 되고
전기밥솥이 밥을 지으니

일 없는 세월 속에
달려가는 시계추를 붙잡지 못해
임금만 치솟고

아름드리 내 모습
찾는 이 없으니
어디가서 무슨 일을 하리요

기둥감이 되어도
건물 하나 못 세우니

알랑거리던 솔방울도
등을 돌리고
사랑하는 가족들도
날 잊은 지 오래요

아버지의 밭두렁

아버지의 밭두렁은
초승달 닮았고
둥글둥글 옆 밭두렁
보름달 닮았더라

밭갈이할 때면
한 삽 두 삽 흙싸움
힘 있어 승리하여
옆 밭두렁 둥글고

좁혀지는 우리 밭은
연약함의 표시인가

연년이 지형 바뀐
밭두렁 모습은
흙싸움이 그려낸
정직한 그림

이제는
힘자랑 밭두렁도
세월 속에 묻히고

그 터에 우수수
고개 숙인 대나무
그날의 부당함을
기억하는가

사진

시간이
멈춰버린 자리에
그대가 있다

나를
주시하듯
순수한 눈빛으로

상자 속에
변함이 없는
그대 모습 앞에

지난 추억
얘기해도
대답 없는 사람아

출간

농부가 가꾸는 텃밭에
글씨를 뿌려 놓고
출간이란 문을 달았다

이 문은 한 번 달면
열 수가 없어
뿌려 놓은 씨앗을 돌볼 수 없고

빈터가 있어도
다른 작물을 더 뿌릴 수도 없다

그리고
글씨가 복잡해도
솎아내지 못한다

그래도
글씨 뿌리기를 즐기는 농부들은
당신의 텃밭에
출간문 달기를 선호한다

독서는

채워도 채워지지 않는
밑 없는 항아리

목마름을 위해 쉬지 않고
꾸준히 마셔야 하는 물

분주한 삶 속에서
못 갖춘 마음이 채워질 때까지
부르짖어야 하는 하소연

흐트러진 마음을 바로잡기 위해
파편을 꿰맞추듯
쉬지 않고 간구하는 기도

꽃과 나비

겨울이 떠나고 봄이 오니
물오른 나무들은
송얼송얼 꽃봉오리 만들고

나뭇잎 나풀나풀
꽃봉오리 올망졸망
향기를 전하니
나비는 꽃 앞으로 모여듭니다

완연한 봄날
향기에 취한 나비
꽃 앞에서 아낌없이 춤을 추니
꽃은 완전한 모습 보이며
웃음으로 화답합니다

봄이 나무를 열어 꽃을 피워
꽃과 나비가 기뻐하는 날
이 땅에는 어둠이 사라지고
밝고 환한 세상을 만듭니다

동백꽃

얼마나 돋보이고
낯설게 하고 싶어
한파에 길을 나섰나

흰 눈 위에 발 디디고
시린 겨울 견뎌내는
핏빛처럼 타는 얼굴

선혈이
아무리 붉다고 한들
네 얼굴색만 하겠는가

그 모습 감추려는 듯
푸른 모자 낮게 쓰고
기다리는 그 임은 언제 오실까

조화

피는
것
못 보았다

지는
것도
못 보았다

한평생
피어있어
시들지 않는 꽃

소원을 빌다

잘되라고 잘되라고
자식 위해 비는
어머니의 손

깊은 산 황토 찾아
돌 같이 무거운
내 발길

가도 가도
험한 산길
백토인가 흰 눈인가

부뚜막 언저리에
황토 한 줌 쏟아 놓고
어머니는 그 앞에서
소원을 말하며

억세고
억센 손을
다 닳도록 비신다

우선멈춤

더위를 싫어하는 제라늄들은
여름이면 그 삶을 접은 듯
하던 일을 멈춥니다

숨 가쁘게 피어나던 연분홍색 꽃잎도
솜털처럼 부드러운 푸른 이파리도
도무지 피어나지 않습니다

어찌 달리기만 하겠는가
쉼은 달리기를 위한 기다림의 단계

잠자는 귀염둥이들에게
인공바람 만들어 시원케 하며
내 마음도 우선멈춤 합니다

성윤자 시집

수박꽃 피는 아침

초판1쇄 발행 2022년 9월 30일

지은이 성윤자
펴낸이 이길안
펴낸곳 세종출판사

주소 부산광역시 중구 흑교로 71번길 12 (보수동2가)
전화 051－463－5898, 253－2213~5
팩스 051－248－4880
전자우편 sjpl5898@daum.net
출판등록 제02-01-96

ISBN 979-11-5979-540-4 03810

값 10,000원

한국예술인복지재단 본 도서는 한국예술인복지재단 2022년 창작준비금지원사업 선정으로 발간하였습니다.

* 잘못된 책은 교환해 드립니다.